NOTICE

SUR

M. BEAUTEMPS-BEAUPRÉ

Conseiller honoraire à la Cour d'Appel de Paris

PAR

G. D'ESPINAY

Ancien conseiller à la Cour d'Appel d'Angers,
Président honoraire de la Société d'Agriculture, Sciences et Arts.

*(Extrait des Mémoires de la Société nationale d'Agriculture,
Sciences et Arts d'Angers)*

ANGERS

LACHÈSE ET Cie, IMPRIMEURS-LIBRAIRES
4, Chaussée Saint-Pierre, 4

1899

NOTICE

SUR

M. BEAUTEMPS-BEAUPRÉ

CONSEILLER HONORAIRE A LA COUR D'APPEL DE PARIS

NOTICE

SUR

M. BEAUTEMPS-BEAUPRÉ

Conseiller honoraire à la Cour d'Appel de Paris

PAR

G. D'ESPINAY

Ancien conseiller à la Cour d'Appel d'Angers,
Président honoraire de la Société d'Agriculture, Sciences et Arts.

*(Extrait des Mémoires de la Société nationale d'Agriculture,
Sciences et Arts d'Angers)*

ANGERS

LACHÈSE ET Cⁱᵉ, IMPRIMEURS-LIBRAIRES
4, Chaussée Saint-Pierre, 4

1899

NOTICE

sur

M. BEAUTEMPS-BEAUPRÉ

CONSEILLER HONORAIRE A LA COUR D'APPEL DE PARIS

Il y a trois ans à peine, je retraçais devant notre Société la vie de notre regretté collègue Victor Godard-Faultrier, le vrai créateur de l'archéologie angevine. Un vide nouveau s'est fait dans nos rangs : l'un de nos meilleurs membres, M. Beautemps-Beaupré a disparu ; la mort n'épargne pas plus les jurisconsultes que les archéologues. Je viens aujourd'hui entretenir la Société d'Agriculture, Sciences et Arts, des œuvres de ce savant magistrat qui, dans une voie différente, a, lui aussi, fait faire de si grands progrès à l'histoire locale de l'Anjou.

M. Beautemps-Beaupré n'appartenait point à notre province et ne l'a jamais habitée ; mais il en avait en quelque sorte fait, par ses travaux, sa patrie d'adoption, car il a passé la plus grande partie de sa vie à étudier et à publier des documents angevins.

Charles-Jean Beautemps-Beaupré est né le **26** mars 1823, à Saint-Pierre-Miquelon (Île Saint-Pierre, Terre-Neuve ; il a fait ses études classiques au collège Henri IV, à Paris, son droit à la Faculté de droit de la même ville, et fut reçu docteur le **31** août **1847**. Il entra peu de temps après dans la magistrature et franchit assez rapidement les premiers grades. Il débuta par les fonctions de juge suppléant à Alençon (30 novembre 1849) ; deux ans après, il était appelé à celles de substitut à Avranches (**26** mars 1851), puis à Cherbourg, puis à Troyes (**22** mars 1853 ; 5 décembre 1855). Le 1er mai **1858**, il devenait procureur impérial à Mantes, et le **20** décembre **1863**, il était nommé à Chartres, au même titre ; il occupa ces fonctions pendant plusieurs années.

M. Beautemps-Beaupré s'était dès lors acquis une grande réputation comme savant, mais les études du genre des siennes ne peuvent guère se poursuivre utilement qu'à Paris. Une nomination aux fonctions de juge au Tribunal de la Seine (6 juillet 1867), en appelant M. Beautemps-Beaupré dans la capitale, lui permit de se livrer à de nouvelles recherches et de faire les importantes découvertes qui resteront son plus beau titre aux yeux des savants.

M. Beautemps-Beaupré, avec son grand amour du travail, trouvait le temps de mener de front ses études et les devoirs de sa profession ; nommé juge d'instruction, il remplit ces fonctions si laborieuses, si difficiles à exercer, à Paris surtout, du **10** février **1872** au **25** mai **1877**. A cette époque, il fut appelé à celles de vice-président au Tribunal de la Seine, et les conserva pendant sept ans ; il fut enfin nommé conseiller à la Cour de Paris, au mois de décembre **1884** ; ce fut le couronnement de sa carrière de magistrat.

M. Beautemps-Beaupré était dès lors chevalier de la Légion d'honneur ; il avait été promu à ce grade le **12** juillet **1884**, étant encore vice-président. Ce fut la juste récompense de ses longs services judiciaires et de ses remarquables travaux.

Mais l'âge de la retraite approchait, et au mois de mars 1893, après avoir siégé neuf ans à peine à la Cour de Paris, M. Beautemps-Beaupré était nommé conseiller honoraire.

M. Beautemps-Beaupré ne pouvait rester étranger aux travaux des Sociétés savantes et prêtait son concours à plusieurs d'entre elles, tant à Paris qu'en province. Il devint membre de la Société de l'Histoire de France dès le 15 janvier 1848, presque à sa sortie de l'École de droit, et, pendant son séjour en Normandie, il fut agrégé à la Société des antiquaires de Normandie (5 novembre 1852). Il faisait aussi partie de l'Association pour l'encouragement des études grecques. M. Beautemps-Beaupré était un de nos collègues, et depuis plusieurs années il avait bien voulu accepter le titre de membre correspondant de la Société d'Agriculture, Sciences et Arts (1890); il nous faisait gracieusement hommage de ses publications.

Il faut rappeler maintenant ce qu'ont été les travaux de notre savant collègue.

Dès 1856, M. Beautemps-Beaupré publiait un ouvrage en deux volumes sur la Portion de biens disponible et la Réduction; on sait combien cette matière présente de difficultés. Notre futur collègue débutait ainsi par des travaux sur le droit moderne et faisait preuve de fortes études juridiques.

L'année suivante, M. Beautemps-Beaupré faisait paraître, dans la *Revue historique de droit*, un très intéressant article sur un manuscrit du *Grand Coustumier de France*, conservé à la bibliothèque de Troyes, où notre laborieux magistrat était alors substitut. On sait que le Grand Coustumier dont il est ici question ne renferme pas de coutumes applicables à la France entière, ni même à toute l'Ile de France; c'est un des premiers essais de rédaction de la coutume de

Paris. M. Beautemps-Beaupré compare le manuscrit de Troyes à l'édition imprimée de Charondas le Caron, et démontre que le manuscrit est bien plus complet et que des passages importants du texte manquent au livre imprimé (1).

Mais un travail beaucoup plus considérable faisait bientôt connaître les aptitudes remarquables de M. Beautemps-Beaupré pour les études historiques. En 1858, il mettait au jour un manuscrit inédit des archives de l'Aube: c'était une ancienne coutume du Vermandois, rédigée en 1448. M. Beautemps-Beaupré accompagna cette publication d'une préface et d'une table analytique des matières. Dans cette préface, il étudie les dispositions du texte, compare le droit du Vermandois à celui de Paris et en fait ressortir les rapports et les différences (2).

L'année 1863 vit paraître trois brochures de notre auteur. La première avait pour objet : *De la nature de la transaction et des droits d'enregistrement auxquels elle peut donner lieu*, étude qui exigeait autant de connaissance du droit civil que du droit fiscal: ces matières mixtes soulèvent les questions les plus délicates (3). La seconde était un *Tarif des actes notariés, arrêté à l'assise d'Angers, le 18 décembre 1385*, curieux document, découvert aux Archives nationales. On y voit qu'il n'y a rien de nouveau dans ce monde et que certaines questions, qui préoccupent aujourd'hui le législateur, se posaient dès le xive siècle (4). Vint enfin une dissertation sur *le droit des propriétaires de fief d'ajouter le nom de leur fief à leur nom patronymique*. M. Beautemps-Beaupré, après avoir passé en revue l'ancienne législation, établit que sous l'ancien

(1) *Revue historique de droit français et étranger*, 1857, p. 476.
(2) *Coustumes des pays de Vermandois et ceulx de enviton*. Paris, 1858.
(3) Extrait de la *Revue pratique de droit français*, 1863.
(4) *Revue historique de droit français et étranger*, 1863, p. 67.

régime tous les possesseurs de fiefs, nobles ou roturiers, sans distinction, pouvaient exercer ce droit. Il ne peut appartenir aujourd'hui qu'à ceux qui en étaient en possession avant la Révolution (1).

Tout en publiant ces divers articles pour les Revues de jurisprudence, M. Beautemps-Beaupré préparait un ouvrage d'une haute importance qui parut en 1865. Je veux parler du *Livre des droiz et des commandemens d'office et de justice*, d'après un manuscrit inédit de la Bibliothèque de l'Arsenal (2). Ce livre renferme une ancienne coutume de Poitou, antérieure à toutes les coutumes officielles de cette province. Le manuscrit a été transcrit en 1424, mais les dispositions de la coutume se réfèrent à un état du droit poitevin antérieur à la rédaction de 1417, dite de Parthenay. M. Beautemps-Beaupré pense que la rédaction du *Livre des droiz* est antérieure à 1405, mais postérieure à 1370. Cette coutume serait donc, par la date, très voisine de celle qui avait été rédigée par ordre du Prince Noir et qui a été malheureusement perdue (3). On remarque dans cette coutume d'assez fréquents emprunts faits au droit angevin.

M. Beautemps-Beaupré a fait précéder le texte par lui publié d'une savante introduction comprenant une analyse de ce texte et roulant sur toutes les branches du droit : droit public (du pouvoir royal, de l'Église, de son administration et de ses clercs); — droit féodal (fiefs, justices, censives); — droit civil (contrats et obligations, état des personnes, mariage, puissance paternelle, minorité, servitudes, actions possessoires et prescriptions, vente et retrait, donations, dépôt, prêt, rentes, mandat, garantie; — successions, communauté entre époux, douaire; — commu-

(1) Même *Revue*, 1863, p. 381.

(2) Arsenal, mss. 96 de jurisprudence française.

(3) Mss. de Jean Mignot, de 1372.

nanté entre gens non mariés ; — procédure civile (des juges et des juridictions, des sergents, des procureurs ; — des actions ; — des ajournements, des défauts, des exoines, des exceptions, des montrées, des preuves ; — des avocats et des plaidoiries, des dits de cour et records ; — des jugements, des dépens, des arbitrages ; — de l'appel, de l'exécution des jugements et lettres) ; — droit pénal (meurtre, encis, rapt, injures, vols ; — procédure criminelle (dénonciation, accusation, inquisition, compétence, preuves, appel).

L'ouvrage se termine par une table analytique (1).

Ce travail révèle, de la part de son auteur, une connaissance approfondie du droit coutumier et féodal. Il allait bientôt appliquer ses vastes connaissances à des recherches spéciales sur le droit de l'Anjou, qui devaient remplir la plus grande partie de sa vie et faire de lui un savant angevin.

M. Beautemps-Beaupré, appelé au Tribunal de la Seine, découvrit aux Archives nationales une mine presque inépuisable de documents relatifs à l'Anjou et au Maine et provenant des archives de l'ancienne Chambre des comptes d'Anjou, transportées à Paris dès le temps de Charles VIII. Il conçut dès lors le plan d'un vaste ouvrage en deux parties, comprenant chacune quatre gros volumes. La première partie, consacrée aux *Coutumes et styles*, parut de 1877 à 1883. Elle renferme quatorze textes de coutumes ou de styles, parmi lesquels plusieurs ont été découverts, ou tout au moins édités pour la première fois, par M. Beautemps-Beaupré. Chaque texte est accompagné d'une notice sur son origine. L'ouvrage comprend une introduction formant un petit volume à part, dans lequel

---

(1) *Le Livre des droiz et des commandemens d'office et de justice*, par C.-J. Beautemps-Beaupré. Paris, Durand, 1865. — Préface et Introduction, 328 p.

l'auteur analyse les principales dispositions caractéristiques du droit angevin et manceau. Il se termine par une table analytique très détaillée. C'est la seule collection complète que nous possédions des textes coutumiers de l'Anjou et du Maine, antérieurs au xvi⁰ siècle. Après cette publication, l'histoire du droit de l'Anjou devient facile à connaître ; on y trouve tous les textes réunis [1].

La seconde partie est intitulée : *Recherches sur les juridictions de l'Anjou et du Maine pendant la période féodale* : elle a paru de 1890 à 1897. Les trois premiers volumes renferment l'exposé rédigé par M. Beautemps-Beaupré de l'état des juridictions angevines et mancelles. Des notes placées au bas des pages apportent la preuve de toutes les assertions de l'auteur ; pas une ne demeure sans justification. Le quatrième volume est un recueil de textes fort intéressants. Il se termine, comme les autres ouvrages de M. Beautemps-Beaupré, par une longue table analytique. Cet ouvrage est plus personnel que le précédent. La partie rédigée par l'auteur y occupe une bien plus grande place ; mais le livre n'en est pas moins fortement documenté. Il a demandé d'immenses recherches [2].

Chacune des deux parties du grand ouvrage de M. Beautemps-Beaupré sur l'Anjou et le Maine a obtenu la première médaille au concours des antiquités nationales, à l'Académie des Inscriptions, à Paris : la première en **1883**, la seconde en **1897** ; distinctions bien gagnées pour des œuvres d'une grande valeur et qui avaient demandé tant d'années de labeur et de si vastes recherches.

(1) *Coutumes et Institutions de l'Anjou et du Maine*. Première partie : Coutumes et styles, 4 vol. in-8°, par C.-J. Beautemps-Beaupré. Paris, Durand et Pédone-Lauriel, 1877-1883.

(2) *Coutumes et Institutions de l'Anjou et du Maine*. Deuxième partie : Recherches sur les Juridictions de l'Anjou et du Maine, pendant la période féodale, par C.-J. Beautemps-Beaupré. Paris, Durand et Pédone-Lauriel, 1890-1897.

On m'excusera de ne pas parler plus longuement de cette œuvre d'une si haute importance, mais j'ai déjà rendu compte devant la Société d'Agriculture, Sciences et Arts de la première partie en 1884, et de la seconde en 1897 (1).

Tout en préparant son grand ouvrage, M. Beautemps-Beaupré faisait d'intéressantes publications. Il communiqua à l'Institut, en 1885, une *Notice sur les Baillis d'Anjou et du Maine à la fin du XIII⁰ siècle, et leurs conflits avec l'évêque d'Angers*, peinture de mœurs prise dans les textes contemporains et saisie sur le vif (2). Cette notice, rédigée en grande partie d'après les anciens mémoires de Guillaume Lemaire, évêque d'Angers, a été résumée par M. Beautemps-Beaupré, dans la seconde partie de son grand ouvrage (3).

L'année suivante (1886), M. Beautemps-Beaupré voulait bien communiquer à notre Société une dissertation sur *les Juges ordinaires d'Anjou et du Maine, de 1371 à 1508*; c'est une fort curieuse notice qui nous initie au mécanisme très compliqué de l'organisation judiciaire des XV⁰ et XVI⁰ siècles (4); elle a été résumée dans le grand ouvrage (2⁰ partie); elle renferme une biographie spéciale pour chaque juge (5).

M. Beautemps-Beaupré a extrait aussi de ses *Recherches sur les juridictions*, pour être publiée à part, une notice fort remarquable sur Guillaume des Roches, sénéchal d'Anjou, et qui a joué un rôle si important au temps de

(1) *Mémoires de la Société d'Agriculture, Sciences et Arts d'Angers*, 1884; — *Idem*, 1897.

(2) *Notice sur les baillis d'Anjou et du Maine, a la fin du XIII⁰ siècle et sur leurs conflits avec l'évêque d'Angers*. Orléans, chez Paul Girardot, 1885.

(3) Le livre de Guillaume Lemaire a été publié par M. C. Port.

(4) *Mémoires de la Société d'Agriculture, Sciences et Arts d'Angers*, 1886.

(5) *Recherches sur les Juridictions*, etc., t. II, p. 50 et suiv.

— 13 —

Jean-Sans-Terre et de Philippe-Auguste. Aussi disait-on
que Guillaume était plutôt comte que sénéchal d'Anjou.
M. Beautemps-Beaupré a très bien saisi cette figure origi-
nale et tant soit peu changeante. Dans cette notice, notre
auteur n'est pas seulement érudit, il se montre historien [1].

Un autre article sur la *Nomination aux offices de judicature en Anjou au XVe siècle* a été également reproduit dans
le grand ouvrage; c'est une peinture de mœurs très
curieuse, faite d'après des textes de procédure, comme
celle des conflits survenus entre l'évêque Guillaume
Lemaire et les baillis. On est étonné de voir que des pièces
de procédure oubliées depuis des siècles dans la poussière
des archives puissent jeter un jour si vif sur les mœurs
du temps passé et sur le caractère des hommes qui ont
vécu à ces époques peu connues [2].

J'en dirai autant de la biographie de James Louet, parue
sans date, mais qui remonte à la même période. On y voit
combien les limites entre les attributions des fonction-
naires, à cette époque, sont difficiles à préciser, et quels
singuliers cumuls pouvaient se produire sur la même
tête [3]. M. Beautemps-Beaupré a consacré aussi quelques
pages de son grand ouvrage à James Louet, et rapporté
avec détail les curieux procès d'Émery Louet et des Mon-
tortier. Cette curieuse notice nous montre à quels bizarres
conflits donnaient souvent lieu les nominations aux places
de judicature [4].

1) *Notice sur Guillaume des Roches, sénéchal d'Anjou, du Maine et
de Touraine* (1199-1222), par Beautemps-Beaupré. Chaumont, imprimerie Cavaniol, 1889.

(2) *De la nomination aux offices de judicature en Anjou au XVe siècle.*
Paris, Durand et Pédone-Lauriel, 1893. — *Recherches sur les Juridictions*, t. II, p. 25 et suiv.

3) *Notice sur James Louet* (sans date).

(4) *Recherches sur les Juridictions*, etc., t. II, p. 268 et suiv.; p. 281
et suiv.

M. Beautemps-Beaupré, après avoir publié les deux grands ouvrages qui nous font si bien connaître l'Anjou juridique, du XIIIe au XVIe siècle, et nous ont pour ainsi dire dévoilé tous ses secrets, voulait pénétrer plus avant à travers les siècles et percer les ténèbres des premiers temps féodaux. Il a travaillé pendant plusieurs années à un troisième ouvrage sur les chartes des comtes d'Anjou avant la réunion de cette province à la Couronne, du IXe au XIIIe siècle ; c'est-à-dire pendant la période la plus obscure du moyen âge, au point de vue surtout des coutumes et des institutions judiciaires. Ces chartes sont au nombre d'environ neuf cents. La mort nous a privés de ce livre qui eût été le couronnement de l'imposant édifice élevé par M. Beautemps-Beaupré à l'histoire de l'Anjou.

M. Beautemps-Beaupré a été un grand travailleur ; il s'est appliqué à l'étude des textes ; il en a fait sortir plus d'un de leur poussière plusieurs fois séculaire. Il a consacré sa longue carrière scientifique à faire revivre ces vieux témoins des siècles passés qu'on croyait à jamais perdus ou ensevelis. Non seulement il savait découvrir les textes, mais il savait aussi les comprendre et les interpréter. Ses savantes introductions témoignent d'une profonde érudition et d'une critique sûre et éclairée. M. Beautemps-Beaupré possédait à fond la science du droit ancien. Il avait ce tact précieux qui fait distinguer le vrai du faux ; la méthode qui permet d'assigner à chaque document sa vraie place, et sans laquelle on se perd dans le dédale des textes. Il savait exposer avec clarté, parce qu'il était maître de son sujet ; la netteté de l'exposition est le fruit de la méthode.

On n'arrive à ce résultat qu'avec un labeur incessant ; c'est en cherchant que l'on trouve. On comprend à peine, en lisant les ouvrages de M. Beautemps-Beaupré et surtout *les Institutions de l'Anjou et du Maine*, comment il a pu trouver le temps nécessaire pour compulser une telle masse de documents; il a véritablement soulevé des montagnes. On peut dire de lui qu'il a vécu deux vies d'homme à la fois : ses fonctions de magistrat auraient suffi pour en occuper une seule; ses recherches historiques pour en remplir une autre et des mieux employées. Lui aussi eût pu dire : « *Vive labeur !* »

M. Beautemps-Beaupré avait toutes les qualités qui font le vrai savant : modeste, consciencieux, sans ambition, il a fait son avancement dans la magistrature sans faveur et par la voie hiérarchique, passant par toutes les fonctions avant d'arriver à celles de conseiller. Il n'avait point cet égoïsme scientifique de certains *intellectuels* qui ne voient dans la science qu'un moyen de parvenir et ne travaillent que pour eux et en vue du succès. Il voulait surtout que ses découvertes fussent utiles à d'autres travailleurs.

Les études du genre de celles de M. Beautemps-Beaupré ne mènent ni aux honneurs, ni à la fortune. Pour les entreprendre, il faut l'amour désintéressé de la science et de la vérité; il faut ce dévouement « qui, suivant Augustin Thierre, vaut mieux que le bonheur et que la santé même. » En publiant des textes on s'oublie soi-même, on travaille pour la postérité et l'on prépare la science de l'avenir; on fait comme ces hardis pionniers qui meurent obscurément en traçant des routes nouvelles à travers les forêts vierges; d'autres viendront, qui, plus tard, en tireront profit. M. Beautemps-Beaupré n'a ménagé ni son temps, ni son labeur, ni sa fortune : l'Anjou, pour lequel il a tant travaillé, ne sera pas ingrat et conservera religieusement son souvenir.

Dirai-je enfin combien ses relations étaient cordiales et sûres? Rappellerai-je toutes les qualités de l'homme privé, toujours bon et aimable, toujours tout à tous et disposé à rendre service aux travailleurs auxquels il pouvait être utile? Sa mort chrétienne est venue couronner une vie si pure, si bien remplie par le travail et le dévouement à la science. Qu'il nous soit permis de présenter à Mme Beautemps-Beaupré et à sa famille, avec nos respectueuses condoléances, le tribut de reconnaissance que notre Société d'Agriculture, Sciences et Arts doit à la mémoire de ce savant et consciencieux magistrat.

G. D'ESPINAY.

ANGERS, IMPRIMERIE LACHÈSE ET Cie, CHAUSSÉE SAINT-PIERRE. 4.

ANGERS, IMPRIMERIE LACHÈSE ET Cie